BARREAU DE POITIERS

# ÉLOGE

DE

# CHARLES LOYSEAU

## DISCOURS

PRONONCÉ

À L'OUVERTURE DES CONFÉRENCES, LE 8 JANVIER 1858

**Par A. NIVARD**

Avocat stagiaire, secrétaire de la conférence

---

POITIERS

IMPRIMERIE DE A. DUPRÉ

Rue de la Mairie, 10

1858

# ÉLOGE

DE

# CHARLES LOYSEAU

---

Monsieur le Batonnier,

Messieurs et chers confrères,

Mon premier besoin comme mon premier devoir est de remercier le conseil de l'ordre de m'avoir désigné pour vous parler de l'un de ces hommes qui furent la gloire de la magistrature et du barreau; de ces hommes qui ont consacré leur vie à l'étude, à poser, à développer les véritables principes d'autorité et de législation, et ont employé leurs jours et leurs veilles à rechercher les maux, signaler les abus de leur temps, et en indiquer les remèdes.

J'aurais aimé, Messieurs et chers confrères, à vous dire les belles qualités de CHARLES LOYSEAU, à vous raconter les actes de sa vie; à vous le montrer, dans les différentes fonctions auxquelles il fut appelé, toujours vertueux, toujours occupé d'un soin unique : l'accomplissement exact du devoir. Mais quand vous saurez qu'il fut avocat probe et habile, magistrat intègre et éclairé, vous connaîtrez sa vie tout entière.

Ce n'est donc pas l'homme que je dois étudier en lui, c'est le jurisconsulte et l'écrivain. Je veux vous parler de ses œuvres, et, pour les mieux apprécier, esquisser un aperçu rapide de l'état de la société et surtout de la justice à l'époque où il vécut.

On était arrivé au xvi$^e$ siècle. « L'unité de pouvoir
» et de territoire, a dit un magistrat éminent, était en
» plein développement ; l'idée de centralisation, cette
» idée féconde à qui nous devons la France d'aujour-
» d'hui, n'avait plus que quelques pas à faire pour
» vaincre le système de morcellement, base du pou-
» voir féodal (1). »

La royauté sortait victorieuse de la lutte qu'elle avait soutenue pendant cinq siècles contre la féodalité. Au x$^e$ siècle, en effet, la féodalité avait tout envahi ; les seigneurs s'étaient attribué tous les droits de la souveraineté : s'ériger en législateurs, en arbitres de la paix et de la guerre, battre monnaie, lever des deniers sur le peuple, créer des officiers, rendre la justice,... l'usurpation féodale avait osé tout cela. Depuis

(1) **M.** Troplong, *Rev. de législ.*, t. I, p. 162.

le xi^e siècle, la royauté travaillait à ressaisir ses droits. Au xvi^e, elle a atteint presque le but; le droit de déclarer la guerre, de battre monnaie, de faire des lois, de lever des deniers sur le peuple, a été enlevé aux seigneurs. Ils essayeront bien de reprendre ces éminentes prérogatives, mais leurs succès ne seront pas de longue durée. Il leur en reste une encore cependant, la plus importante de toutes, le plus *majestatif* des droits de la couronne,... celui de justice... C'est à le reconquérir que tendront désormais tous les efforts de la royauté. La lutte sera longue, difficile, acharnée; elle se prolongera deux siècles encore, et ne finira qu'avec la féodalité elle-même.

La royauté ne la soutiendra pas seule; jurisconsultes, légistes, écrivains, tous mettront leur talent et leur plume au service de sa cause.

Déjà Dumoulin a posé ces grands principes :

Le roi est le seigneur direct, suprême de son royaume (1).

Ce domaine est un apanage si inséparable de la couronne et de la majesté royale, que le roi ne peut l'abdiquer ni l'aliéner; il n'est pas le propriétaire de son royaume, il n'en est que l'administrateur (2).

Le droit de justice forme l'un des attributs essentiels de la royauté, placé comme elle hors du commerce...

---

1) Fiefs, § 3, gl. 4, n° 15, p. 131.
(2) Fiefs, § 3, gl. 4, n° 17, p. 134.

Le roi ne peut pas plus en disposer que de la royauté elle-même..... Tous les sujets de l'Etat sont forcément soumis à la justice royale, sans que personne puisse s'y soustraire ou s'en exempter (1).

Mais si le roi, chef de l'État, ne peut disposer du droit de justice, il peut le déléguer, pourvu que sa délégation ne comprenne que l'exercice du droit, le domaine utile, et non le droit lui-même, c'est-à-dire le domaine éminent (2).

D'après Dumoulin, toute autorité, toute puissance appartenant au roi, c'est de lui seul qu'elle doit émaner.... Elle n'est pas nouvelle, Messieurs, cette théorie de la toute-puissance du chef de l'État. Déjà un jurisconsulte du XIIIe siècle, Beaumanoir, avait dit :
« Li roys est souverains par-dessus tous, et a de son
» droit le général garde dou roiaume, par quoi il puet
» fere tex establissements comme il li plest, pour le
» quemun pourfit, et che que il establist i doit estre
» tenu (3). »

Un long temps s'écoulera, sans doute, avant que la France arrive à cette unité de pouvoir et de territoire qui fait aujourd'hui sa force et sa grandeur ; il faudra bien des années avant la complète centralisation de toute l'autorité entre les mains du chef de l'Etat. Mais

(1) Fiefs, § 3, gl. 4, n° 16, p. 134; § 3, gl. 4, n° 18, p. 135; § 1, gl. 5, n° 64, p. 81.
(2) § 1, gl. 5, n° 49, p. 78.
(3) Beaumanoir, ch. XXXIV, p. 181.

les bases de l'édifice social sont jetées, déjà il s'élève ; encore quelques efforts, et le vaisseau de l'édifice, si je puis emprunter cette comparaison, sera construit. — Vienne enfin une suprême et dernière tentative, et les peuples admireront l'œuvre complète, résultat magnifique dû aux efforts réunis des rois, des légistes et du peuple.

Dumoulin a accompli son œuvre, il est descendu dans la tombe ; mais tout ne périra pas avec lui. Ses écrits resteront immortels comme son nom ; les idées qu'il a émises et développées produiront des fruits abondants.

D'autres hommes viendront ensuite, qui, continuateurs de l'œuvre commencée par le grand jurisconsulte du XVIe siècle, battront en brèche les institutions féodales, en s'attachant, eux aussi, à démontrer qu'au roi seul revient le droit de justice ; — que ce droit ne peut appartenir aux seigneurs ; — que s'ils le possèdent, c'est par usurpation sur le pouvoir royal.

Parmi ces champions de la royauté, il en est un surtout qui occupe une place importante ; c'est Charles Loyseau. Il a consacré ses veilles à approfondir cette question capitale du droit de justice. On peut même dire que presque tous ses ouvrages ont été écrits dans le but de prouver que les seigneurs ont usurpé le droit de justice sur le roi, auquel seul il doit appartenir.

*Charles Loyseau* naquit à Nogent-le-Roi en 1566. Fort jeune encore, il perdit son père Renaud Loyseau, ancien avocat au parlement de Paris, que Choppin appelle : *Probum ac eruditum advocatum* (1). Loysel parle aussi de ce Renaud Loyseau qui fut employé aux affaires de la duchesse de Valentinois et du duc d'Aumale son gendre. « Mais, » ajoute-t-il, « ce fut au » temps qu'elle estoit hors de crédit, à cause de quoy, » il ne fut pas si advancé qu'il eust esté (2). » Ses contemporains lui ont accordé la réputation d'un avocat probe et habile; mais son mérite et ses talents, quels qu'ils fussent, ont été surpassés par ceux de son fils « qui, » dit Loysel, « fait si bien parler de luy par » ses escrits, que l'on peut dire d'eux, sans que le » père s'en offensast s'il estoit vivant :

Tytides melior patre (3).

Reçu avocat à l'âge de vingt ans, Charles Loyseau, après avoir exercé cette profession pendant dix ans au parlement de Paris, fut nommé lieutenant particulier à Sens, ville dont il avait, disent ses biographes, préparé la soumission à Henri IV. Plus tard, bailli à Châteaudun, il y exerça les devoirs de sa charge avec une grande distinction pendant six ans. C'est là qu'il

---

(1) Choppin, *De communibus Galliæ consuetudinum præceptis*, pars 1$^{re}$, gl. 4, n° 12.

(2) Dialogues des avocats du parlement de Paris, édit. de 1844, p. 129.

(3) *Eodem*.

épousa Louise Tourtier, dont la famille occupait à Orléans une position élevée (1). Il reprit ensuite la profession d'avocat au parlement de Paris jusqu'à sa mort, arrivée au mois d'octobre 1627.

Voilà, Messieurs, les seuls détails que j'ai pu trouver sur sa vie, vie calme et paisible, comme celle de presque tous les grands jurisconsultes. Ce n'est pas au milieu des agitations du monde que l'esprit peut se recueillir, et enfanter des œuvres pareilles à celles qu'ils ont laissées et qui font encore aujourd'hui l'admiration des savants.

Charles Loyseau est l'auteur de plusieurs traités sur des matières qui, pour la plupart, n'offrent plus aujourd'hui d'intérêt pratique. Son traité *du Déguerpissement* est remarquable par l'alliance qu'il y fait du droit romain et du droit français. Voulez-vous savoir comment il fut accueilli par les jurisconsultes de son époque? Ecoutez l'appréciation qu'en fait un juge bien compétent en pareille matière, l'un des commentateurs de la coutume de Paris, Brodeau, qui semble cependant lui contester l'honneur d'avoir écrit ce traité.

« Cette matière (2) qui est de nostre droict françois
» et coustumier, et la plus importante de toute la cous-

---

(1) Dictionnaire de Moreri.
(2) Brodeau parle de l'action hypothécaire.

» tume, estoit très-difficile et espineuse auparauant
» l'esclaircissement qui y a esté donné par l'autheur
» du traité du Déguerpissement qui court sous le nom
» de maistre Charles Loyseau, auocat en la cour, et
» que l'on dit auoir esté pris des mesmoires du Sr
» Hotteman; et tous ceux qui ont veu et leu exacte-
» ment ce traité aduoueront avec moy que c'est une
» des plus laborieuses, doctes et iudicieuses pièces qui
» ayent esté données au public de nostre temps, sinon
» que tout n'est pas de mesme style, et l'on y recon-
» noist quelquefois une main différente de celuy qui y
» a voulu adiouster du sien; et la pluspart des articles
» de ce titre, y estant clairement et méthodiquement
» expliqués, ie reconnois franchement que ce que j'y
» ay dit de meilleur et plus solide sur chaque article
» en est tiré, ou des pensées et propositions de cet au-
» theur, afin que l'on ne me blâme pas si, dans les
» occurences qui seront fréquentes, ie ne cote point le
» lieu du traité dont l'explication sera tirée (1). »

Voilà, en peu de mots, Messieurs, le meilleur éloge que l'on puisse faire d'un ouvrage. Mais Loyseau en est-il bien l'auteur? — Comment cette question a-t-elle pu être soulevée? Sur quel fondement appuyer une accusation de plagiat? Pas assurément sur le passage de Brodeau; ce dernier ne fait que reproduire un bruit,

---

(1) Brodeau, *Coutume de Paris*, actions personnelles et réelles (préface).

qu'ont pu répandre de lâches envieux du mérite de Loyseau. Si Brodeau avait partagé cette opinion, son langage eût été plus affirmatif. Cela suffirait déjà pour ne pas enlever à notre jurisconsulte l'honneur d'avoir composé ce livre. Mais il y a plus, et cette raison m'est suggérée par une réflexion que je trouve dans l'un de ses biographes : le traité *du Déguerpissement* n'est point un de ces ouvrages dont l'auteur ne s'est pas fait connaître, et que le hasard attribue capricieusement à tel ou tel jurisconsulte. Loyseau, au lieu d'emprunter le voile de l'anonyme, a toujours revendiqué la paternité du livre qui a paru sous son nom. Comment le traité *du Déguerpissement* aurait-il *esté pris des mesmoires* d'un autre jurisconsulte ? « Ce traité, dit le
» biographe dont je parlais tout à l'heure, a été imprimé
» sous le nom de ce grand homme; l'épître dédicatoire
» qui le précède est adressée au premier président de
» Harlay, sous le nom de Charles Loyseau : est-il probable, peut-on supposer qu'un homme ait l'effronterie, l'impudence de s'attribuer un livre qu'il n'a
» pas fait ? » Charles Loyseau est donc bien l'auteur de ce livre (1).

Nous avons encore de lui des traités sur la *garantie des rentes*, sur les *ordres et dignités*, sur les *offices*, sur les *seigneuries*, et enfin un *discours sur les abus des justices de village*. C'est dans ces trois derniers

---

(1) Taisand.

écrits qu'il approfondit la grande question du droit de justice et de l'origine des justices seigneuriales. Il en discute aussi une autre, non moins importante peut-être : celle de la vénalité des offices, et en particulier des offices de judicature.

Permettez-moi, Messieurs, de vous entretenir de cette dernière question ; plus tard, je reviendrai sur celle du droit de justice, en exposant la théorie de Loyseau sur l'origine des justices seigneuriales ; enfin je dirai quels étaient, selon lui, les dangers, les inconvénients, les abus attachés aux justices de village.

C'est une grande question, Messieurs, que celle de la vénalité des offices. Il n'est pas un écrivain, pas un jurisconsulte, pas un homme politique qui ne l'ait abordée. Les uns ont essayé de justifier la vente des offices ; mais qu'elles sont faibles, mauvaises, dangereuses même, les raisons qu'ils invoquent ! En voulez-vous un exemple?.... « La vénalité est bonne » parce qu'elle fait faire comme un métier de famille » ce qu'on ne voudrait pas entreprendre par vertu,... » a dit un écrivain cependant bien illustre (1). Eh quoi ! abaisser les offices au rang d'un vil métier ! mettre au niveau d'une profession vile et mercenaire les hautes fonctions de la magistrature ! Quel rapprochement !...

---

(1) Montesquieu, *Esprit des lois*, liv. V, ch. IX.

Loin de nous vos juges gens de métier ; il nous faut des magistrats vertueux, désintéressés ; nous ne voulons pas que ce soit pour faire un gain et continuer un métier de famille qu'on accepte les fonctions de la magistrature. La vertu seule doit faire entreprendre la tâche si lourde, il est vrai, mais si belle quand elle est bien comprise, de rendre la justice. Aussi est-il grand le nombre de ceux qui se sont élevés contre cette vénalité, introduite dans un moment de nécessité extrême ; leur plume n'a pas trouvé d'expressions assez fortes pour la flétrir. Charles Loyseau figure au nombre de ces derniers ; sa critique est vive, son blâme sévère ; aucun abus ne trouve grâce devant lui.

« Je n'estime pas, » dit-il, « qu'il y ait rien en
» notre usage plus contraire à la raison, que le com-
» merce et la vénalité des offices, qui préfère l'argent à
» la vertu, en la chose du monde où la vertu est plus à
» rechercher, et l'argent plus à rejeter (1).

» L'unique moyen loüable de parvenir aux offices,
» est la vertu (2).

» .... si l'officier mérite sa charge, ce n'est pas
» raison qu'il l'achète ; s'il ne la mérite pas, il y a
» encore moins de raison de la luy vendre (3).

» C'est un grand désordre et un grand malheur à un

---

(1) Off., avant-propos, n° 2.
(2) Off., liv. I, ch. II, n° 2.
(3) Off., avant-propos, n° 2.

» État, quand les offices de judicature s'y vendent (1)...
» il résulte de là que la justice est souvent injuste-
» ment renduë... qu'elle est toûjours trop chère
» venduë (2). »

En effet, et l'auteur l'explique lui-même, quand les offices se vendent, ce ne sont pas les gens les plus vertueux, les plus capables, comme cela devrait être, qui les obtiennent : ils deviennent la proie des intrigants qui peuvent les payer le plus cher. Le gouvernement ne choisit plus, et souvent *des gens de peu, des gens mauvais et méchants, peu instruits,* s'imposent à lui..... De là de mauvais juges, de là des injustices. Mais la vénalité entraîne d'autres inconvénients encore : « C'est, » dit Loyseau, « qu'au prix que l'officier achète son
» office, quelque homme de bien qu'il soit, il ne se peut
» tenir qu'à ce même prix il n'en revende par après
» l'exercice au peuple..... Aussi void-on, » ajoute-t-il,
« que, depuis l'introduction de la vénalité des offices, les
» juges se sont autorisez de prendre de grands salaires
» des parties : ce qui n'estoit anciennement (3).........
» Et quand on les reprend de prendre de trop grands
» salaires, ils donnent pour excuse qu'ils ont acheté
» les offices, qu'il faut qu'ils se sauvent, et qu'ils
» vivent (4). » Et comment en serait-il autrement?

(1) Off., liv. IV, ch. VII, n° 22.
(2) Off., liv. IV, ch. VII, n° 25.
(3) Off., liv. IV, ch. VII, n° 30.
(4) Off., liv. IV, ch. VII, n° 33.

N'est-il pas naturel que celui qui a acheté cher s'efforce de faire le plus de profits possible ? Cette pensée a été exprimée bien naïvement par un ancien poëte français dans un passage cité par Loyseau :

> Mais qui croiroit qu'on achetast office
> De grands deniers et grand'somme d'argent,
> Et puis après qu'on fist bonne justice
> Sans nul tromper et en prendre des gens?
> Qu'on donnast tout? On seroit hors de sens :
> Le temps n'est mie, on ne donne plus rien ;
> Mais on vend tout, gens et entendemens ;
> Trestous les jours ils se vendent très-bien (1).

Loyseau parle ensuite du taux excessif auquel était monté le prix des offices :

> *Aurea nunc verè sunt sæcula : plurimus auro*
> *Venit honos,*

s'écrie-t-il avec le poëte latin (2)...... Mais à quoi

---

(1) Off., liv. IV, ch. VII, n° 35.

« On vend au palais de toutes sortes de choses ; la justice, comme le reste, entre dans ce commerce. » (La Bruyère, *Du barreau.*)

« Qu'est-il plus farouche que de veoir une nation où, par légitime coustume, la charge de iuger se vende, et les iugemens soyent payez à purs deniers complants, et où légitimement la iustice soit refusée à qui n'a de quoy la payer?.... » avait dit Montaigne, liv. I, ch. XXII.

(2) Off., liv. III, ch. I, n° 1.

bon insister sur ce sujet? Qui de vous n'est convaincu de l'énormité des inconvénients et des dangers attachés à la vénalité des offices? Cependant cette institution, si souvent signalée comme mauvaise et dangereuse, dura près de quatre siècles, malgré les critiques dont elle était l'objet, malgré la résistance si énergique, les remontrances si fréquentes du parlement!

Combien nous sommes heureux de vivre dans un temps où les offices de judicature ne sont plus mis *à l'encan* et adjugés *au plus offrant et dernier enchérisseur* (1)!... N'est-ce pas à la suppression de la vénalité des offices que nous devons de posséder des magistrats vertueux, sages, éclairés, justes, désintéressés?... Certes c'est là un grand bienfait dont nous sommes redevables à nos lois nouvelles et aux efforts des jurisconsultes, dont les écrits n'ont cessé d'appeler l'attention du pouvoir sur les abus à détruire, les réformes à opérer, les maux à éviter.

Si nous recherchons à quelle époque de notre histoire a été introduite la vente des offices de judicature, nous serons étonnés de la trouver contemporaine, pour ne pas dire fille d'une institution aussi bonne, aussi utile, aussi excellente qu'elle était elle-même mauvaise, dangereuse, funeste. La vénalité des offices remonte en effet, et c'est encore Loyseau qui nous l'apprend, à l'ordonnance de Louis XI de 1467, qui rendit les offices

---

(1) Off., liv. IV, ch. VII, n° 25.

*perpétuels*, de *destituables* qu'ils étaient. « De sorte » dit Loyseau, « qu'il n'y a guère d'apparence qu'auparavant ce temps-là on les eût voulu acheter, veu que s'ils eussent été achetez du public, ce n'eût été raison de les oster par après (1). »

Ce serait peut-être ici le lieu, Messieurs, de vous parler du grand principe de l'inamovibilité. Loyseau s'en est longuement expliqué dans un chapitre où il traite la question de savoir si les seigneurs peuvent destituer leurs officiers. Dans cette partie de son travail, il fait ressortir tous les avantages de l'inamovibilité des juges, et signale tous les inconvénients de l'amovibilité.

« C'est chose bien certaine, » dit-il, en se plaçant d'abord au point de vue de l'intérêt de l'officier, « qu'on ne peut ôter l'office à un homme sans lui ôter l'honneur. Car, outre que c'est lui ôter son rang et lui faire faire le pas d'écrevisse, et le faire devenir d'Evesque meusnier, comme on dit, il n'y a point de doute que le commun peuple, qui a coutume de juger et d'interpréter tout en mal, croira toujours que celui qui aura été dépouillé de son office, aura fait quelque faute qui ait donné sujet à cette destitution (2). »

Un peu plus loin, l'auteur ajoute qu'il n'est pas juste

(1) Off. liv. I, ch. I, n° 61.
(2) *Eod.* liv. V, ch. IV, n° 26.

de détourner un homme de ses affaires et occupations, comme « *un avocat de son barreau,* » pour lui donner un office qu'on lui ôtera bientôt après : « car il a perdu « *ses pratiques et connaissances* et le voilà demeuré » tout à fait sans exercice et sans moyen de gagner sa » vie, ce qui n'est nullement raisonnable : *quum* » *œquum sit nos beneficiis juvari, non decipi* (1). »

Mais si l'intérêt privé doit être pris en considération, l'intérêt public est bien plus important encore.

Rappelons-nous que Loyseau écrit au XVI° siècle, qu'il raconte ce qu'il voyait tous les jours, qu'il blâme les abus de son temps. Ici le jurisconsulte se transforme en écrivain satirique.

« N'est-ce pas assez que les seigneurs puissent choisir
» leurs officiers à leur dévotion, et, en les pourvoyant
» de leurs offices, les affider et obliger étroitement à
» eux, comme leur créature, leur ayant donné le rang
» et la qualité qu'ils tiennent,.... sans qu'ils ayent
» encore cette puissance sur eux, de les pouvoir des-
» tituer à chaque bout de champ, s'ils ne leur font
» gagner tous leurs procès, et s'ils ne rendent la jus-
» tice à leur fantaisie (2)?
» De sorte que si un fascheux seigneur a un mau-
» vais procès en sa justice, comme cela arrive jour-
» nellement, qui sera le juge qui l'osera condamner,

---

(1) Off., liv. V, ch. IV, n° 30.
(2) *Eod.*, liv. V, ch. IV, n° 31.

» à la charge de perdre tout aussitôt son office (1)?

Quelle est la conséquence de l'amovibilité? Que la justice est souvent mal rendue, et que les gens de bien, quand il s'en trouve, « ne voulans condescendre » à l'injustice, ni biaiser aux mauvaises intentions des » gentilshommes (2), » sont destitués. *Ejiciuntur justi, quia contrarii sunt operibus eorum.*

Et à propos d'un officier révoqué par un prélat, « parce que ce bon juge accordoit par charité la plu- » part des procès, et vuidoit presque tous les autres » sur-le-champ (3), » diminuant ainsi les revenus du greffe seigneurial, il ajoute : « C'est bien la vérité » qu'il ne s'en chasse guères de tels, car il s'en trouve » peu ; mais s'il s'en trouvoit beaucoup, ils ne dure- » roient pas longtems parmy nos gentils-hommes, qui » ont prescrit ce droit de seigneurie sur leurs juges, » qu'ils en font comme de leurs valets (4). »

Amère réflexion, Messieurs, qui nous donne une bien triste idée de la société, et surtout de la justice au XVI$^e$ siècle !

Ces motifs déjà si graves et si dignes d'être pris en considération ne sont pas les seuls ; que de raisons puissantes, empruntées à un autre ordre d'idées, se joi-

---

(1) Off., liv. V, ch. IV, n° 31.
(2) *Eod.*, liv. V, ch. IV, n° 32.
(3) *Eod.*, liv. V, ch. IV, n° 33.
(4) *Eod.*, liv. V, ch. IV. n° 34.

gnent aux premières pour repousser l'amovibilité de la magistrature!

La science de juger est difficile, bien difficile; elle exige une longue habitude, un long exercice; elle ne s'acquiert que par une grande connaissance des hommes et des affaires, jointe à une étude approfondie des lois. Ce n'est pas en un jour que le magistrat acquerra cette sagacité qui guide dans l'interprétation des lois, et qui est si nécessaire surtout pour démasquer la fraude, la déloyauté, la mauvaise foi..... Ce degré de lumières, sans lequel il n'y a pas de bon juge, ne s'obtient que par des veilles incessantes consacrées à l'étude et à l'application des lois ;... et pourtant malgré la science et la rectitude d'esprit, malgré la connaissance des hommes et des choses, que de fois les magistrats sont embarrassés, sont trompés !... Que sera-ce donc si l'on renvoie un bon magistrat, un magistrat expérimenté, pour mettre à sa place un homme nouveau, étranger aux affaires, qui ne connaît pas les hommes, qui sait à peine peut-être la lettre de la loi, qui en a pénétré bien moins encore l'esprit.... un homme qui ne consacrera pas à son instruction tout le soin nécessaire? A quoi bon en effet se fatiguer, employer ses jours et ses veilles à des études sérieuses, pénibles ? A quoi bon,..... puisque l'avenir ne lui appartient pas, puisque demain peut-être un autre viendra prendre sa place?

L'inamovibilité forme donc une condition essentielle

de l'administration de la justice ; sans elle, point de bonne justice possible. Eh ! que d'avantages n'a-t-elle pas produits ! N'est-ce pas à elle que nous devons ces résistances si opiniâtres, souvent même si héroïques des parlements aux volontés aveugles, aux entreprises quelquefois dangereuses, souvent inopportunes des rois? Que de fois les remontrances respectueuses mais fermes des parlements n'ont-elles pas prouvé aux rois qu'ils s'égaraient ! Que de fois ne leur ont-elles pas indiqué la véritable route à suivre ! Nos grands corps judiciaires auraient-ils osé tout cela, si leur indépendance n'eût été protégée par le principe de l'inamovibilité?

Maintenue depuis l'ordonnance de 1467 à l'égard des officiers royaux, abolie un instant, à une époque où les hommes de la révolution voulaient tout réformer, l'inamovibilité ne tarda pas à être rétablie de nouveau. Le législateur a compris que les magistrats appelés à décider de l'honneur et de la fortune des citoyens, devaient rester assez indépendants pour que leur intérêt ne fût jamais aux prises avec le sentiment du devoir ; qu'il fallait garantir leur liberté pour les soustraire à toute influence ; que le juge ne devait se préoccuper que d'une seule chose : rendre à chacun, quel qu'il fût, bonne et loyale justice, sans avoir à craindre d'être dépouillé de ses fonctions pour avoir écouté la voix de sa conscience et du devoir.

J'arrive enfin, Messieurs, à cette question du droit de justice dont s'occupe Loyseau dans son *Discours sur les abus des justices de village*, et dans son *Traité des seigneuries*. C'est là qu'il remonte à l'origine des justices seigneuriales. Son point de départ, le grand principe qui sert de base à sa théorie, est le même que celui de Dumoulin. *Le roi est le représentant de Dieu sur terre, le lieutenant de Dieu en terre ; — toute justice doit émaner du roi ou prince souverain ; — toute justice meut du roi, qui la tient en fief de Dieu*, pour me servir de ses expressions.

Comment donc les seigneurs possèdent-ils ce droit de justice ? Par suite d'une usurpation.

Lorsque les Francs eurent conquis les Gaules, l'administration des provinces fut confiée à des capitaines qui prirent les noms de ducs, de comtes, et qui, outre le commandement militaire, avaient pour mission de rendre la justice. « Car, dans ces nations belliqueuses,
» il n'y avoit point d'autres officiers principaux que
» ceux de la guerre, qui quant et quant exerçoient la
» justice en temps de paix (1). »

Dans le principe, ces capitaines avaient la seigneurie de leur territoire unie à leur office ; mais leur seigneurie, aussi bien que leur office, n'était ni héréditaire, ni perpétuelle ; elle finissait avec leur vie, et même pouvait être révoquée à la volonté du *concordant* (2).

(1) Seigneuries, ch. I, n° 73.
(2) Seigneuries, ch. I, n° 75.

A la fin de la première race, quelques seigneurs, profitant de la faiblesse des rois, essayèrent de « se
» faire héréditaires ; mais cela ne dura guères pour
» lors, d'autant que les premiers rois de la seconde
» lignée les rangèrent incontinent à la raison, au moins
» ceux qui étoient au cœur du royaume ; car quelques-
» uns de ceux qui étoient aux provinces éloignées
» maintinrent leur hérédité (1). »

Mais lorsqu'à leur tour, les rois de la deuxième race devinrent aussi faibles et aussi impuissants que l'avaient été ceux de la première, et plus encore peut-être, les ducs et les comtes tentèrent de nouveaux efforts, et, plus heureux cette fois, ils réussirent à conquérir l'hérédité ; et surtout après que Hugues Capet eut échangé son titre de maire du palais, de duc des ducs contre la dignité de roi et prince souverain, l'hérédité ne trouva d'opposition nulle part (2).

« Puis, après avoir usurpé leur domaine et sei-
» gneurie, les seigneurs y annexèrent adroitement
» leurs dignitez et fonctions qui devinrent héréditaires,
» au lieu qu'auparavant elles étoient cohérentes à leur
» personne comme office, et partant se perdoient avec
» leur personne (3).

» Et, » ajoute Loyseau, « comme l'usurpation ayant

(1) Seigneuries, ch. V, n° 36.
(2) Off., liv. V, ch. I, n° 3 ; Seig., ch. V, n° 37 ; Discours sur les abus des justices de village, p. 2.
(3) Discours sur les abus des justices de village, p. 2.

» pris racine, croist toujours, et l'ambition ayant
» trouvé un commencement favorable, ne trouve point
» de fin, s'estant les ducs et comtes ainsi établis en la
» propriété et seigneurie de leurs provinces et villes,
» ils tâchèrent tant qu'ils purent d'en usurper la sou-
» veraineté : et de fait il se trouva qu'ils entreprirent
» de jouïr de tous les droits de souveraineté. » Ils
créaient des lois, établissaient des officiers, faisaient
rendre la justice en dernier ressort, déclaraient la
guerre de leur propre autorité, assemblaient armée,
livraient bataille, concluaient paix et trêve sans le congé
du roi, battaient monnaie, levaient des deniers sur le
peuple (1).

Dès les premiers temps de leur institution, les ducs et
les comtes avaient sous leurs ordres des officiers et des
lieutenants qui prenaient les noms soit de châtelains, soit
de vicomtes, et dont les fonctions consistaient à les rem-
placer quand ils étaient absents, et à juger les menues
affaires et différends quand ils étaient présents. « Ce
» n'estoit dans le principe, » dit Loyseau, « qu'une
» même justice et un même auditoire des comtes et de
» leurs lieutenans ; mais l'opiniastreté fit que ceux qui
» étoient condamnez par ces lieutenans, ne se tenans
» vaincus, vouloient encore estre ouïs et jugés par les
» comtes, ce qui enfin tourna en coutume, et donna
» sujet à ces lieutenans de prétendre, par succession de

(1) Seigneuries, ch. V, n°s 38 et suiv.

» temps, justice séparée, ressortissant par appel devant
» les comtes. Mais lorsque les ducs et les comtes usur-
» pèrent la propriété de leur ressort et territoire, quel-
» ques-uns de ces lieutenans firent de mesme, et
» annexèrent à leur domaine ce premier degré de juri-
» diction qu'ils avoient usurpé (1).

» Plus tard, les vicomtes et chastelains, non contents
» d'avoir usurpé la propriété de leur justice particulière,
» telle qu'ils l'avoient de leur première institution, qui
» n'estoit que de connoistre des causes légères, sous
» prétexte qu'ils avoient autrefois connu de toutes
» causes en l'absence des comtes, ils usurpèrent enfin
» la justice toute entière, c'est-à-dire toutes les causes
» grandes et petites.... Et par succession des temps,
» voulant, à l'imitation des comtes, avoir eux aussi deux
» degrés de juridiction, ils créèrent un maire ou pré-
» vost chastelain pour tenir leurs petits plaids et
» expédier les causes légères ressortissant par appel
» devant leurs baillis et sénéchaux.... Et comme aupa-
» ravant les chastelains avoient usurpé la connoissance
» de toutes causes, ainsi firent sous les mesmes moyens
» et prétextes, ces gentils-hommes de village. » Puis
voulant, eux aussi, avoir le droit de ressort, ces maires
et prévôts châtelains concédèrent des justices démem-
brées des leurs, « et, » ajoute Loyseau, « ceux auxquels

(1) Discours sur les abus des justices de village, p. 2.

» ils les ont concédées, en ont par après accordé
» d'autres (1). »

Enfin, dans tel village, un gentilhomme, « *sous*
» *couleurs* que de tout temps la coutume des sei-
» gneurs d'un village a esté, quand ils voyoient naître
» un procès entre leurs habitants, de les mander et
» de les ouïr afin de tascher à les accorder, » a usurpé
le droit de justice (2).

Telle est, en résumé, Messieurs, l'origine que Loyseau assigne aux justices seigneuriales; sa théorie est celle de presque tous les jurisconsultes des XVI$^e$ et XVII$^e$ siècles. De nos jours, elle a été vivement critiquée : des historiens érudits, des magistrats éminents, profondément versés dans l'étude du droit et de l'histoire, des jurisconsultes habiles, se sont faits les défenseurs des seigneurs, et ont essayé de les disculper du reproche d'usurpation. Je ne les suivrai point dans leurs savantes dissertations, cette tâche m'entrainerait trop loin ; encore moins me permettrai-je de porter un jugement ; il serait téméraire à moi de m'ériger en arbitre d'un différend qui divise les plus érudits. Je devais me borner à exposer le système de Loyseau ; ma tâche est remplie.

(1) *Eod.*
(2) Discours sur les abus des justices de village, p. 2.

Il me reste maintenant à vous parler des abus et dangers des justices de village, des *mangeries* de village, comme notre auteur les appelle. Oh! ici, Messieurs, je me sens plus à l'aise, et je ne crains plus de trouver de contradicteurs. Qui de vous n'a présente à l'esprit la longue et triste histoire des abus de ces justices de village et des vexations des seigneurs hauts justiciers? Ici nous sommes tous d'accord pour plaindre ceux qui pendant tant de siècles y ont été soumis, et gémir au souvenir des haines terribles qu'elles ont soulevées, et des maux affreux dont elles ont été l'une des causes les plus actives. Aussi me bornerai-je à vous indiquer les abus principaux de ces justices, évitant de vous rappeler les exactions sans nombre, les iniquités des seigneurs, et plus encore de leurs agents et officiers ; le souvenir en serait trop pénible! Et puis, au xvi$^e$ siècle, ces actes d'oppression et d'odieuse tyrannie étaient bien diminués. La royauté, à mesure qu'elle s'élevait et grandissait en puissance, cherchait un remède aux maux des classes inférieures, et protégeait les *vilains* contre les injustices des seigneurs. De grands résultats étaient obtenus ; mais que de choses pourtant restaient encore à faire !

Ces usurpations, délégations, subdélégations successives, avaient donné naissance à un nombre infini de juridictions. En plusieurs endroits on ne comptait pas moins de quatre degrés de juridiction seigneuriale, et il fallait passer par six justices avant d'avoir arrêt :

résultat qui autorisait Loyseau à dire : « Il est notoire
» que cette multiplication de degrés de juridiction rend
» les procès immortels, et à vray dire ce grand nombre
» de justices oste le moyen au peuple d'avoir jus-
» tice (1). » Ces réflexions me rappellent un passage
du procès-verbal de la coutume du Poitou, où il est dit :
« Qui est le pauvre païsan qui, plaidant de ses brebis
» et de ses vaches, n'aime mieux les abandonner à
» celui qui les retient injustement qu'estre contraint
» de passer par cinq ou six justices avant qu'avoir
» arrest, et s'il se résout de plaider jusques au bout,
» y a t'il brebis ni vache qui puisse tant vivre, mesme
» que le maitre mesme mourra avant que son procès
» soit jugé en dernier ressort. »

Sans doute il est avantageux pour le peuple d'avoir des juges sur les lieux mêmes : c'est le moyen d'éviter des frais et des longueurs. Aussi le législateur de 1790 l'a bien compris ; lui aussi il a établi des juges de village en instituant les *juges de paix*. Mais aujourd'hui nos juges de village sont des magistrats instruits et éclairés, des hommes probes et honnêtes, qui n'ambitionnent qu'une seule chose : faire le bien, concilier autant qu'il est en leur pouvoir les intérêts de chacun, éteindre les procès. Quelle distance entre nos juges de paix et les juges *guêtrez, ignorants et méchants* des justices seigneuriales au XVIe siècle ! Voulez-vous sa-

---

(1) Discours sur les abus des justices de village, p. 7.

voir ce qu'étaient ces justices, ces juges de village?... écoutez le portrait qu'en trace Loyseau :

« Les frais sont plus grands en ces petites mangeries
» de village, qu'aux amples justices des villes, où pre-
» mièrement les juges ne prennent rien des expéditions
» de l'audience ; et au village, pour avoir un méchant
» appointement de cause, il faut saouler le juge, le
» greffier et les procureurs de la cause en belle taverne,
» qui est le lieu d'honneur, *locus majorum*, où les
» actes sont composés, et où bien souvent les causes
» sont vuidées à l'avantage de celui qui paye l'écot.
» Et quant aux causes appointées en droit, car il ne s'en
» juge point sur-le-champ, quelques légères qu'elles
» soient, il les faut porter aux bonnes villes, pour avoir
» du conseil, et sous ce prétexte, les épices n'en sont
» pas moindres. Outre que quand ces mangeurs et
» sangsues de village ont une riche partie en main, ils
» sçavent bien allonger pratique, et faire durer la cause
» autant que son argent (1). »

Ce n'est pas tout, quelle garantie vous offrent ces juges, « les très-humbles valets des seigneurs, qui

(1) Discours sur les abus des justices de village, p. 10.
La Fontaine exprime ainsi la même idée :

Mettez ce qu'il en coûte à plaider aujourd'hui ;
Comptez ce qu'il en reste à beaucoup de familles :
Vous verrez que Perrin tire l'argent à lui,
Et ne laisse aux plaideurs que le sac et les quilles.
(Liv. IX, fab. IX.)

» n'osent contredire leur maître de peur de perdre leur
» place (1).... et ce notaire, qui refera trois fois, s'il
» est besoin, le contrat de mariage de son gentil-
» homme, ou lui fera tant d'obligations antidatées
» qu'il voudra, si ses affaires se portent mal, ou s'il
» a un coup à faire; notaire qui de longue main se
» pourvoit de témoins aussi bons que lui, ou bien qui
» sçait choisir, après leur mort, de ceux qui ne sça-
» voient point signer (2)...? »

J'ai fini, Messieurs; j'ai essayé de vous faire connaître Charles Loyseau en vous parlant de ses œuvres, dans lesquelles se résume sa vie, qui tout entière a été consacrée à l'étude. Vous l'avez vu habile dans le droit civil; son traité *du Déguerpissement* vous l'a montré approfondissant l'une des matières les plus épineuses du droit coutumier, de l'aveu des anciens jurisconsultes. Il fut aussi savant dans le droit romain; un de ses biographes a même avancé « qu'il l'avait mieux
» connu que M. Cujas (3). » Pendant de longues années qu'il exerça la profession d'avocat au parlement de Paris, il se recommanda par sa probité et son talent; appelé à exercer les fonctions de l'ordre judiciaire, il

---

(1) Discours sur les abus des justices de village, p. 11.
(2) *Eod.*, p. 11.
(3) Taisand.

offrit l'ensemble des qualités qui font le magistrat distingué. Tout cela eût suffi, sans doute, pour recommander le nom de Charles Loyseau à la postérité, et le signaler encore aujourd'hui comme un modèle à suivre, un exemple à imiter. Mais ce sont là ses moindres titres de gloire.... Il a été savant aussi dans le droit politique. Je vous l'ai montré approfondissant les matières les plus difficiles de l'organisation judiciaire, combattant les idées fausses et les institutions mauvaises de son temps. Est-il besoin de vous parler du courage et du talent qu'il a déployés dans cette lutte ? Vous les connaissez mieux que moi, et les quelques extraits des œuvres de ce grand homme que j'ai cités ont suffi pour réveiller vos souvenirs. Vous avez rendu justice à la hardiesse et à la vigueur qu'il déploie en critiquant les abus des justices de village, à la liberté d'expressions qu'il emploie pour parler des juges *guêtrez* des seigneurs, au talent, à la justesse d'idées dont il fait preuve en traitant les graves questions de la vénalité et de l'inamovibilité de la magistrature.... — Avoir doté son pays de lois sages, d'institutions salutaires, est une grande et belle chose,..... et tel a été le rôle des Loyseau, des Dumoulin; voilà leurs titres de gloire, leurs titres à notre reconnaissance. C'est en effet dans leurs écrits que nos législateurs ont puisé la science de faire de bonnes lois; c'est d'eux qu'ils se sont inspirés quand ils ont décrété l'inamovibilité de la magistrature, la suppression de la vénalité des offices, l'abolition des justices seigneuriales et des justices de village ; c'est d'après leurs conseils qu'ils ont voulu que désormais la justice fût rendue gratuitement, et que les juges fussent salariés par l'Etat seul.

Honneur donc aux grands jurisconsultes du XVIe et du XVIIe siècle ! Honneur à Dumoulin, à Loyseau surtout, qui, plus que tout autre peut-être, a contribué à faire opérer ces grandes et utiles réformes !

www.ingramcontent.com/pod-product-compliance
Lightning Source LLC
Chambersburg PA
CBHW060647050426
42451CB00010B/1231